樋口愉美子の動物刺繍

文化出版局

はじめに

本書は動物をテーマにした刺繍の図案集です。
犬や猫など身近なペットから、牧場や動物園の人気ものはもちろん、
森や草原で躍動するもの、
穏やかに静観するもの、
かわいらしい衣装を纏ったもの、
ユニークな特徴を簡略化したものなど、
振る舞いもさまざまな動物たちをそろえました。

愛嬌のある顔立ちやポーズ、温もりある毛並みに特徴的な模様など、
とりどりの個性ある動物たちを、ひと針ひと針と刺し進める手仕事には、
豊かな出会いの喜びがあります。
爽やかな潤いを感じる草花の刺繍とはまた別の、親しみと愉しさがあります。

刺繍が仕上がったら、名前をつけてあげるのもよいでしょう。
枠や額に入れ壁に飾るのもよいですが、雑貨に仕立てるのもおすすめです。
幸運をもたらすマスコットたちですから、普段から身につけていっしょに過ごすと
よいことに恵まれる機会もふえるかもしれません。
お買いものにも、旅行にも、学校にも、会社にも、はじめてのデートにも。
どの子にも得意不得意はありますが、いつもいっしょだったら心強いと思います。
家族であり、友達であり、あなたの分身でもありますから。

刺繍には不思議な魔力があると思います。
小さな手作業の積み重ねですが、
思いを込めて丁寧に作ってみてください。

樋口愉美子

Contents

Bear of the forest
森のくまさん　8 ／ 58
ななめがけバッグ　6 ／ 80

Bird's paradise
鳥の楽園　10 ／ 60
ポーチ　7 ／ 81

Climbing monkey
木登り猿　12 ／ 62
ナップザック（巾着型リュック）　13 ／ 82

Dancing rabbits
うさぎのダンス　14 ／ 63
ポットクッション　15 ／ 83

Wild reindeer
冬のトナカイ　16 ／ 64
シンプルポシェット　17 ／ 84

Sheep of black face
黒い顔の羊　18 ／ 64
ニードルケース　19 ／ 85

Giraffe of savanna
サバンナのキリン　20 ／ 65
サシェ　21 ／ 85

Cheetah in jungle
ジャングルのチーター　22 ／ 66
ミニトートバッグ　23 ／ 86

Cat's face
猫の顔　24 ／ 67
メッセージカード　25 ／ 86

Dogs and bones
犬と骨　26 ／ 68
トートバッグ　27 ／ 87

Horse chess
馬のチェス　28 ／ 68
ブローチ　29 ／ 88

Night wolf
夜の狼　30 ／ 69
ラウンド型巾着ポシェット　31 ／ 88

Owl and moon
フクロウと月　32 ／ 69
お守り袋　33 ／ 89

Elephant circus
サーカスの象　34 ／ 70
三角フラッグ　35 ／ 90

Deer emblem
鹿の紋章　36 ／ 70
シザーケース　37 ／ 91

Teddy bear and panda
テディベアとパンダ　38 ／ 71
ブックマーク　39 ／ 91

Pig's garden
子豚の庭　40 ／ 72

Zebra and cactus
シマウマとサボテン　42 ／ 74

Lonely lion
孤独なライオン　43 ／ 75

Koala and eucalyptus leaves
コアラとユーカリの葉　43 ／ 71

Squirrel and acorns
リスとどんぐり　44 ／ 76

Fox and grapes
狐とブドウ　45 ／ 77

Cow's waltz
牛のワルツ　46 ／ 78

Group of ducks
鴨の群れ　47 ／ 78

Carpet of camel
ラクダの絨毯　48 ／ 79

刺繍の基本と図案、雑貨の作り方
Tools　道具　50
Materials　材料　51
ステッチと刺繍の基本　52

Bear of the forest
ななめがけバッグ
Page.80

ユーモラスな森の動物たちの物語を、
大きめのななめがけバッグに仕立てました。
色みを抑えているので、
甘くならずに大人でも使いやすいでしょう。

Bird's paradise
ポーチ

Page.81

優雅な鳥たちの楽園をイメージした
贅沢な刺繍です。
3つに折りたたんだシンプルなポーチに
お気に入りのひもをつけて、
クルクルと巻いて閉じます。

Bird's paradise 鳥の楽園
Page.60

Climbing monkey
木登り猿
Page.62

ナップザック（巾着型リュック）

Page.82

蔦にぶら下がる猿とバナナ、
ヤシの木をちりばめたナップザック。
子どもはもちろん大人にも男女問わない、
グレーとイエローの配色にしています。

Dancing rabbits　うさぎのダンス　Page.63

ポットクッション
Page.83

野に咲く小花と戯れる野うさぎの
ノスタルジックな色合い。
ポットを保温するための
ふかふかなクッションです。
うさぎたちとの楽しいティータイムを！

Wild reindeer
冬のトナカイ

Page.64

シンプルポシェット
Page.84

首もとの白毛と大きな角が自慢の、
冬毛のトナカイ。
顔だけでも存在感はじゅうぶん!
規則的に並べてシンプルな
たて長のポシェットに仕立てました。

Sheep of black face
黒い顔の羊

Page.64

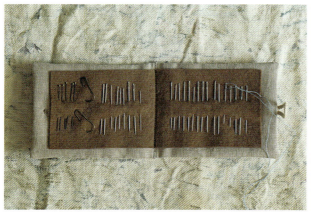

ニードルケース

Page.85

刺繍枠などと合うように、
落ち着いた配色でまとめたニードルケースです。
中にキルト芯をはさんでいるので、
針を傷めずに収納できます。

Giraffe of savanna
サバンナのキリン

Page.65

サシェ

Page.85

体の模様が美しいキリンをあしらい、
わたを入れてふっくらとさせたオーナメント。
お好みのハーブを忍ばせて、
クロゼットに吊るしましょう。

Cheetah in jungle ジャングルのチーター
Page.66

ミニトートバッグ
Page.86

チーターのまわりを、
ジャングルに生える葉や花であしらいました。
小さいですが、夏の装いのアクセントになる
存在感あるバッグです。

Cat's face
猫の顔

Page.67

メッセージカード
Page.86

お好きな猫で
小さなメッセージカードはいかが。
色や模様を変えると
いろいろな猫にアレンジできます。
目の位置や口の加減で表情も変わります。

Dogs and bones
犬と骨
Page.68

トートバッグ

Page.87

犬のお散歩用にとイメージした
トートバッグです。
犬と骨のモチーフはバラバラに
ちりばめてもよいですし、
連続させてもかわいいでしょう。

Horse chess
馬のチェス

Page.68

28

ブローチ
Page.88

馬の姿をかたどったチェスの駒。
落ち着いたダーク系の布地を選んで、
大人びたブローチに仕立てました。
ひとつでも、重ねづけしてもすてきです。

Night wolf 夜の狼
Page.69

ラウンド型巾着ポシェット
Page.88

夜の森を駆け巡る狼の図案。
ころんとした丸い形がかわいらしい
ポシェットに仕立てました。
袋口にひもを通してキュッとしぼれる
巾着型です。

Owl and moon
フクロウと月

Page.69

お守り袋
Page.89

表にフクロウ、裏には月を刺繍した
小さな小物袋。
裏布をつけないかんたんな仕様なので、
手縫いでも作ることができます。
小さな贈りものに。

Elephant circus
サーカスの象

Page.70

三角フラッグ
Page.90

ボール乗りの曲芸をするかわいらしい象の図案。
角につけたベルの音が心地よい三角フラッグの壁飾りです。
もちろんたくさん連ねてもすてき。

Deer emblem
鹿の紋章

Page.70

シザーケース
Page.91

クラシカルな雰囲気がすてきな、
バラをはさんで向き合う2頭の鹿の紋章。
キルト芯を入れて仕立てたシザーケースは、
大切なはさみを優しく包みます。

Teddy bear and panda
テディベアとパンダ

Page.71

ブックマーク

Page.91

コロコロしたボディに肉球が愛らしい
クマのぬいぐるみは、
アレンジを加えるとパンダに変身！
かんたんなしおりは
縫製が苦手なかたにおすすめです。

Pig's garden
子豚の庭
Page.72

41

Zebra and cactus
シマウマとサボテン
Page.74

Koala and eucalyptus leaves
コアラとユーカリの葉
Page.71

ふさふさの耳が愛らしい木登りコアラ。
ひとり暗闇にたたずむサバンナの王様、雄ライオン。
どちらも額縁の代りに刺繍枠を使って飾りましょう。

Lonely lion
孤独なライオン
Page.75

Squirrel and acorns
リスとどんぐり

Page.76

Fox and grapes
狐とブドウ
Page.77

Cow's waltz
牛のワルツ

Page.78

46

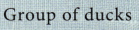

Group of ducks
鴨の群れ

Page.78

Carpet of camel
ラクダの絨毯

Page.79

刺繍の基本と図案、
雑貨の作り方

本書で使用したステッチや
刺繍を美しく仕上げるコツを紹介します。
図案や雑貨の作り方もこちらからどうぞ。

＊指定のない数字の単位はcmです

Tools 道具

1. チョークペーパー
   図案を布地に写すための複写紙。黒など濃色の布地に写す場合は白いチョークペーパーを使います。

2. トレーシングペーパー
   図案を写すための薄い紙。

3. セロファン
   トレーシングペーパーが破れないよう、図案を布地に写すときに使います。

4. トレーサー
   図案をなぞって布地に写すときに使用します。ボールペンなどで代用可能。

5. 刺繍枠
   布をピンと張るための枠。枠の大きさは図案サイズで使いわけますが、持ったときに中央まで指が届くくらいの、直径10cm程度の小さめのものがおすすめです。

6. 糸通し
   糸を針穴に通すときにあると便利です。

7. ひも通し
   袋ものの雑貨を作る際、ひもを通すのに使います。

8. 針＆ピンクッション
   25番刺繍糸は、フランス刺繍針を使います。糸の本数によって適した太さがあります。

9. 糸切りばさみ
   先のとがった刃の薄いタイプが使いやすいでしょう。

10. 目打ち
    刺し直しをする場合にあると便利な道具。

11. 裁ちばさみ
    切れ味のよい布専用のはさみを用意しましょう。

Materials 材料

この本では、最もポピュラーな25番刺繍糸を使っています。鮮やかな発色と艶のある質感が特徴のフランスのメーカー、DMCの糸です。
また、バッグをはじめとする作品はすべてリネンで仕立てています。平織りのリネンは刺繍しやすく、洗濯ができ、手ざわりもよいので、刺繍を楽しむのにぴったりの素材です。リネンは生地を裁つ前に水通しし、布目が均等になるよう整えてから陰干しします。乾ききらないうちに優しく押さえるようにアイロンをかけるとよいでしょう。

糸の本数によって
針の太さを替えましょう

糸の本数によって針を替えると、ぐんと刺しやすくなります。
布の厚さによっても変わりますが、ここではクロバーの針の目安を紹介します。

25番刺繍糸	刺繍針
6本どり	3・4号
3・4本どり	5・6号
1・2本どり	7〜10号

ステッチと刺繍の基本

本書で使用した9種類のステッチと、作品をきれいに仕上げるためのコツを紹介します。

Straight stitch
ストレート・ステッチ

短い線を描くときのステッチ。
ひげや毛並みなどを表現します。

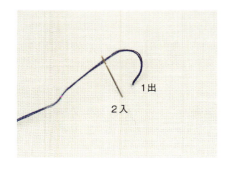

刺繍枠はしっかり締める

刺繍枠に布を張りとめる際、とめ方がゆるいと布がたるんで余計なシワができてしまいます。とめ具をしっかり締め、布はピンと張って刺し進めましょう。また、大きめの図案は刺繍枠をずらしながら刺します。刺繍した部分を枠にはめる際は当て布をし、つぶれやすいステッチを避けるのが安心です。

Outline stitch
アウトライン・ステッチ

縁とりや茎、枝などを表現します。
カーブでは細かめに刺すと
きれいに仕上がります。

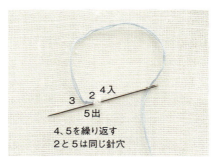

4、5を繰り返す
2と5は同じ針穴

Running stitch
ランニング・ステッチ

点線を描くステッチ。
並縫いの要領で刺します。

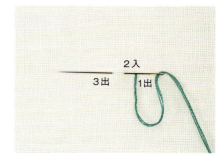

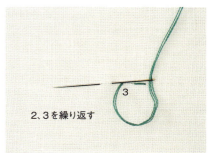

2、3を繰り返す

Chain stitch

チェーン・ステッチ

鎖形をつないで線や面を表現します。
糸を強く引きすぎずに、ふっくらとさせて
大きさをそろえるときれいです。

Point 最後はレゼーデージー・
ステッチでとめます。

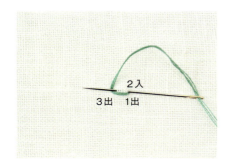

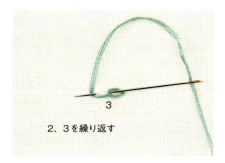

2、3を繰り返す

Lazy daisy stitch

レゼーデージー・ステッチ

小花の花びらや葉など小さな模様を
描くときのステッチ。
糸を引きすぎず、ふっくらと刺します。

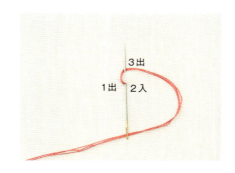

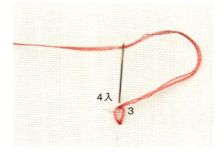

Lazy daisy stitch + Straight stitch

レゼーデージー・ステッチ
＋ストレート・ステッチ

レゼーデージーの中央に糸を
1、2回渡して、
ボリューム感のあるだ円を表現します。

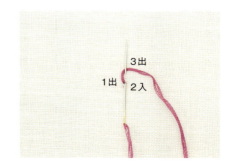

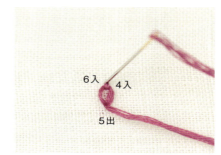

French knot stitch
フレンチナッツ・ステッチ

基本は2回巻きで、大きさは糸の
本数で調整をします。
つぶれやすいので、仕上げに刺しましょう。

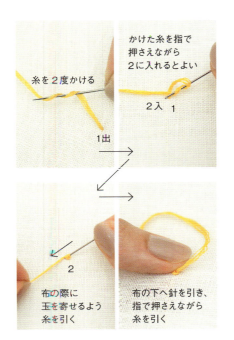

Satin stitch
サテン・ステッチ

糸を平行に渡して、面を埋めるステッチ。
糸のよれをとって、
糸並みをそろえて刺すときれいです。

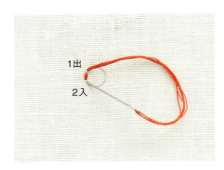

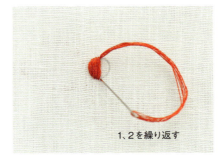

Fly stitch
フライ・ステッチ

VやYを描くステッチ。
動物の鼻や口もとを表現します。

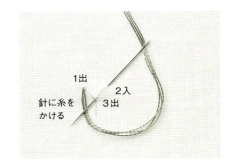

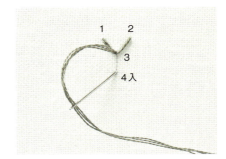

チェーン・ステッチのコツ
面を埋める①
すきまなく刺し埋めると美しくなります。

1 図案の輪郭線を刺す。

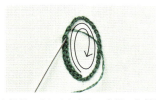

2 刺した輪郭にそわせながら、内側へと刺し進める。すきまがあいてしまったら、最後にその部分だけチェーン・ステッチやアウトライン・ステッチで刺し埋める。

チェーン・ステッチのコツ
面を埋める②
輪郭線が内側にもある場合の刺し方です。

1 図案の外側と内側の輪郭線を刺す。

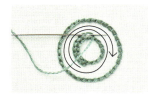

2 内側の輪郭にそわせながら刺し、外側に向かって刺し進める。

チェーン・ステッチのコツ
角を美しく描く
チェーン・ステッチで角まできたら一度刺し終えて、角度を変えて次の辺を刺すようにします。

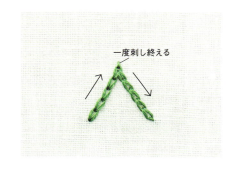

チェーン・ステッチのコツ
円を美しく描く
刺し終りの鎖を刺す際に、刺し始めの鎖に糸をくぐらせると、輪郭がきれいにつながります。

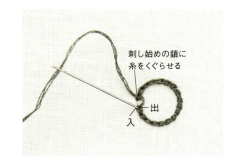

アウトライン・ステッチのコツ
カーブを美しく描く
1針進んで半針戻る、を繰り返します。カーブでは針目を細かくするのがコツです。

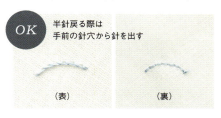

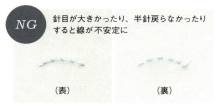

2色の糸を混ぜて刺す
2色の糸で刺すと色が混ざり合って見えます。リスのしっぽなど動物の毛の表現で使用しました。

1 2色の刺繍糸を指定の本数ずつ同じ長さでそろえる。

2 針に1の糸をそろえて通す。通常どおり刺繍する。

布端の処理

刺している間にほつれなどが出ないよう、布端を処理しておくと作業もスムーズです。

目が細かい布：辺の織り糸をそっと抜くように、4辺の布端を0.5cmほどほどいておく。

目が粗い布：4辺の布端をざっくりとかがっておく。ピンキングはさみで裁ってもよい。

図案の写し方

まず布地に図案を写しましょう。写す際は布目がななめにならないよう、図案をたて糸とよこ糸にそって配置します。

1 図案にトレーシングペーパーをのせ、写す。

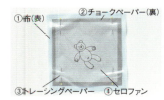

2 写真の順に重ね、まち針でとめてから、トレーサーで図案をなぞる。

糸の扱い方①

25番刺繍糸は指定の本数を1本ずつ引き出し、そろえて使いましょう。よれがとれ、糸並みがそろいます。

1 束の内側にある糸端を指でつまんで、60cm程度引き出して糸を切る。

2 1本ずつ必要本数を引き出して、引きそろえる。

糸の扱い方②

必要な本数の糸をそろえたら針穴に通しますが、偶数本と奇数本で本数のとり方が異なります。

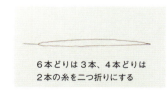

6本どりは3本、4本どりは2本の糸を二つ折りにする

偶数本の場合：2本どりの際は1本の糸を針に通し、二つ折りにして両端を合わせ、玉結びする。

奇数本の場合：必要な本数をそのまま引きそろえ、針に通し、片端に玉結びする。

玉結び

雑貨に施す刺繍の場合は刺し始めの際に、糸端に結び玉を作ります。

1 針に糸を通したら、糸端に針先を重ねる。

2 針先に糸を2回巻く。

3 糸を巻いた部分を指先で挟んで押さえながら、針を引き抜き、そのまま結び玉が糸端にいくまで引く。

糸替えなどのとき

糸替えなどすでにステッチがある場合の再スタートの処理です。

玉結びをした糸を裏面のステッチ部分にからめ、開始位置から糸を出す。結び玉は後で切る。

刺し始め①

チェーン・ステッチやアウトライン・ステッチなど線を描くステッチの刺し始めの処理です。

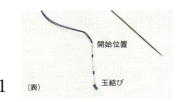

1 （表）

ステッチの開始位置に向かって、図案線上に半返し縫いで数目刺したら、開始位置から糸を出す。

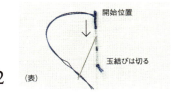

2 （表）

1の針目に重ねるように指定のステッチを進め、結び玉は切る。

刺し始め②

サテン・ステッチなど面を埋めるステッチの刺し始めの処理です。

1

ステッチの開始位置に向かって、図案線内に半返し縫いで数目刺したら、開始位置から糸を出す。

2 （表）

1の針目をおおうように指定のステッチを進め、結び玉は切る。

刺し終り①

チェーン・ステッチやアウトライン・ステッチなど線を描くステッチの刺し終りの処理です。

1 （裏）

裏面に糸を出し、ステッチに糸を通す。

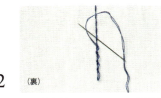

2 （裏）

ステッチに糸を数回からめたら、糸端を切る。

刺し終り②

サテン・ステッチなど面を埋めるステッチの刺し終りの処理です。

1 （裏）

裏面に糸を出し、ステッチの下に糸を通して出したら、再度返す。

2 （裏）

糸端を切る。

小物の縫い代処理のコツ

小物のカーブ部分は縫い代に切込みを入れておくと、表に返したときに布が引きつらず、美しく仕上がります。ミシン目は切らないよう注意して。ピンキングはさみで処理するのもおすすめです。

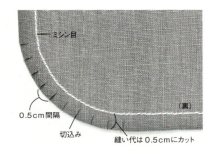

コの字とじ

返し口をとじる際などに使用する、縫い目が目立たない縫い方です。

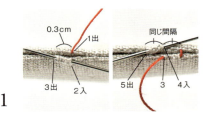

1

折り山を合わせ、玉結びした糸を裏側から折り山に出す。向かいの山に針を入れ、布をすくう。

2

コの字を描くように縫い合わせ、最後は玉どめして糸端は裏側に隠す。
＊見やすいよう赤糸を使っていますが、表布と同色の糸を使います。

57

Bear of the forest 森のくまさん
Page.8

動物は目や口の回りを縁とってから、シルエットの輪郭線を刺し、中を埋めます。
目は小さくなりすぎないよう目の回りのすきまを広めにあけるのがコツ。

レゼーデージー S ―
ストレート S(6)
3033

フレンチナッツ S(6)
3033

アウトライン S
310

短い線は
ストレート S
310

ストレート S
310

フレンチナッツ S(6)
3033

アウトライン S
310

短い線は
ストレート S
310

フレンチナッツ S(4)
3033

短い線は
ストレート S
310

アウトライン S
310

アウトライン S
310

ストレート S(4)
3033

見開き図案のつなぎ位置

◎DMC25番刺繡糸 ― 310,3033
※動物の目と鼻はフレンチナッツS(4) 310で刺す
※指定以外はチェーンS(2) 310　※糸の本数指定のないものはすべて2本どり
※Sはステッチの略、( )内の数字は本数、色番号はDMC25番刺繡糸

ランニングS(4)
3033

ストレートS(6)
3033

ストレートS
310

フレンチナッツS(4)
3033

アウトラインS
310

見開き図案のつなぎ位置

レゼーデージーS＋
ストレートS(4)
3033

アウトラインS
310

Bird's paradise 鳥の楽園
Page.10

全体はチェーンS部分→アウトラインS部分の順に。
鳥の目部分が埋もれてしまった場合、別糸を使いフレンチナッツS(4)で目を刺してもよいです。

レゼーデージーS＋ストレートS(4)

フレンチナッツS(6)

レゼーデージーS＋ストレートS(6)

見開き図案のつなぎ位置

◎DMC25番刺繍糸 — 712
※鳥のくちばしはストレートS(2)で刺す
※植物部分の太線はアウトラインS(4)、細線はアウトラインS(2)、「●」はフレンチナッツS(6)で刺す
※指定以外はチェーンS(2)
※Sはステッチの略、( )内の数字は本数、色番号はDMC25番刺繍糸

ストレートS(2)
フレンチナッツS(6)
見開き図案のつなぎ位置
レゼーデージーS＋ストレートS(4)
レゼーデージーS＋ストレートS(6)

61

Climbing monkey　木登り猿

Page.12

チェーンS部分から始めます。猿は顔の面、おなか、耳を刺し、続いてチェーンSで体全体を刺します。仕上げは目鼻。

◎DMC25番刺繍糸 ─ 645, 648, 842, 310, 733, 505, 739, 611
※指定以外はチェーンS(2)
※Sはステッチの略、( )内の数字は本数、色番号はDMC25番刺繍糸

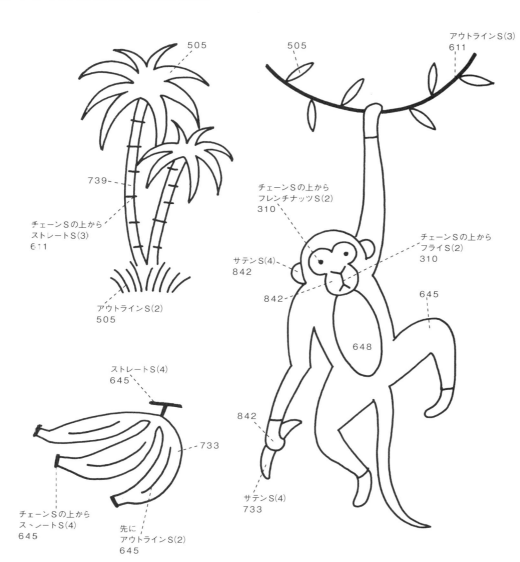

Dancing rabbits

うさぎのダンス

Page.14

うさぎは目から刺します。
中心をフレンチナッツSで刺した後、
その回りをアウトラインSで細かく1周。
あとは全体のチェーンSです。
足と胴体が重なる部分はすきまをあけて。

◎DMC25番刺繍糸
　─ 3031, ecru, 739, 3051,
　3777, 823, 830, 310
※植物の茎はアウトラインS(2)で刺す
※指定以外はチェーンS(2)
※Sはステッチの略、( )内の数字は本数、色番号はDMC25番刺繍糸

Wild reindeer　冬のトナカイ
Page.16

ツノのサテンS部分は、中央の軸から刺します。
次に顔のチェーンS部分を。耳、目、鼻、口はチェーンSの後に刺します。
首の冬毛に太いアウトラインSで放射状に埋めましょう。

◎DMC25番刺繍糸 ― 926, 08, ecru, 310
※糸の本数指定のないものはすべて6本どり
※Sはステッチの略、( )内の数字は本数、色番号はDMC25番刺繍糸

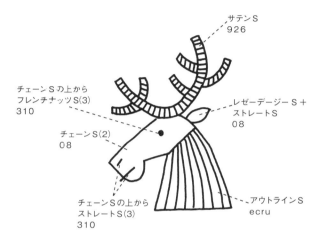

Sheep of black face　黒い顔の羊
Page.18

黒糸のチェーンS部分から始めます。次に耳、目、鼻はチェーンSの上から
バランスよく刺します。体は体毛のふわっとした質感を出すため、
アウトラインSを細かめに刺しましょう。

◎DMC25番刺繍糸 ― 310, 712, 3790
※糸の本数指定のないものはすべて2本どり
※Sはステッチの略、( )内の数字は本数、色番号はDMC25番刺繍糸

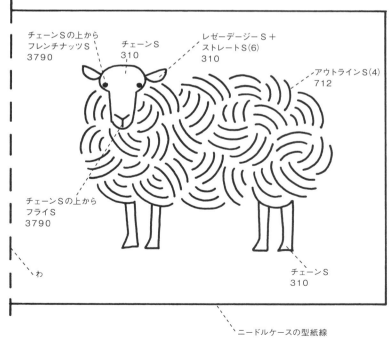

64

Giraffe of savanna サバンナのキリン

Page.20

やや難易度の高い図案です。ボディのチェーンSから刺し始め、
次にサテンSで模様を刺し埋めます。
目鼻、ヒヅメ、たてがみなどは最後です。
キリンの後、足もとの芝生をチェーンSから刺します。
木は葉を最後に刺しましょう。

◎DMC25番刺繍糸 ― 712, 829, 938, 520, 522, 310, 610
※キリンの目はフレンチナッツS(4)、まつ毛と鼻はストレートS(2)で、いずれもチェーンSの上から310で刺す
※指定以外はチェーンS(2)
※糸の本数指定のないものはすべて2本どり
※Sはステッチの略、( )内の数字は本数、色番号はDMC25番刺繍糸

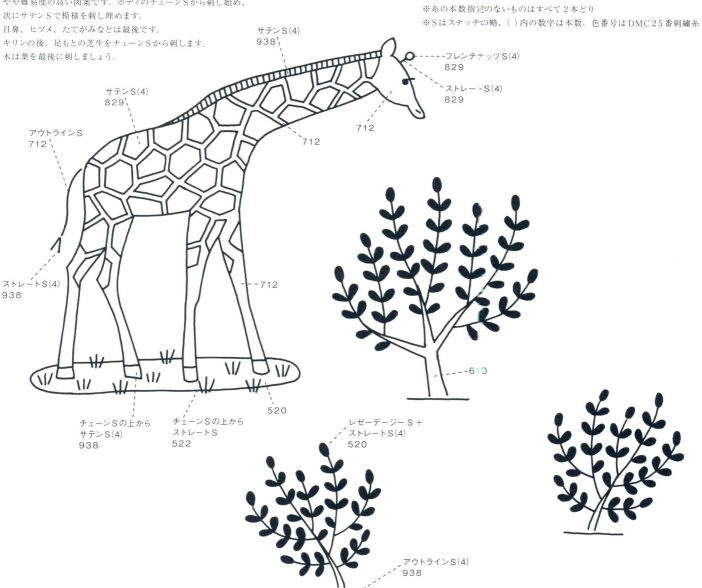

Cheetah in jungle ジャングルのチーター
Page.22

チーターはチェーンS部分から始めます。
足と胴体が重なる部分はすきまをあけておきます。
模様はチェーンSの上から小さなストレートSをランダムに。
植物もチェーンS部分から刺し始め、
フレンチナッツSは最後に刺しましょう。

◎DMC25番刺繍糸
　—833, 3046, 3371, 869, 890, 520, 3687, 543
※植物の太い線の茎はアウトラインS(4)で刺す
※指定以外はチェーンS(2)
※糸の本数指定のないものはすべて2本どり
※Sはステッチの略、( )内の数字は本数、
　色番号はDMC25番刺繍糸

Cat's face 猫の顔
Page.24

まずは目から。中心をフレンチナッツSで刺した後、
その回りをチェーンSで1周ぐるり。
鼻柱、頬のサテンS部分を刺してから、
チェーンSで顔全体へと進みます。鼻、口、ひげは最後に。
鼻は太いストレートS、口は細めのフライSで
サテンSの上からバランスよく刺します。

◎DMC25番刺繍糸
　—3865, ecru, 310, 733, 407, 794, 648, 645, 3812, 08, 3021, 738, 3828, 829
※猫の目は中心をフレンチナッツS(6) 310、周囲をチェーンS(3)で刺す
※猫の鼻の線はストレートS(6)、口の線はフライS(3)、ひげはストレートS(1)で刺す
※指定以外はチェーンS(2)
※Sはステッチの略、( )内の数字は本数、色番号はDMC25番刺繍糸

67

Dogs and bones 犬と骨
Page.25

耳と尻尾のサテンSから刺します。次に足と胴体が重なる太線の部分を
アウトラインSで刺し、チェーンSの各部分を刺しましょう。目、鼻は最後です。

◎DMC25番刺繍糸 — 3865,3799,801,829,08,07
※犬の目はフレンチナッツS(4)、鼻はサテンS(4)、
　いずれもチェーンSの上から3799で刺す
※指定以外はチェーンS(2)
※Sはステッチの略、( )内の数字は本数、色番号はDMC25番刺繍糸

Horse chess 馬のチェス
Page.28

ボディをチェーンSで埋める前に、
アウトラインSの部分を先に刺します。
たてがみのサテンSはチェーンSの後から刺しましょう。

◎DMC25番刺繍糸 — 3031,829,310,02,03
※馬の目はフレンチナッツS(2)、鼻はストレートS(2)、
　いずれもチェーンSの上から310で刺す
※糸の本数指定のないものはすべて2本どり
※Sはステッチの略、( )内の数字は本数、色番号はDMC25番刺繍糸

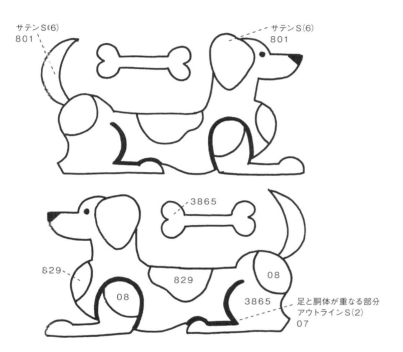
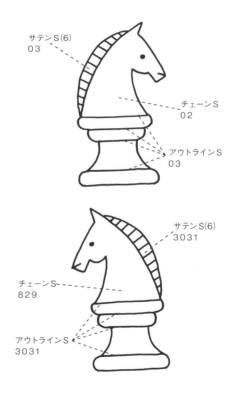

Night wolf 夜の狼
Page.30

チェーンSで刺す細かい角が多い図案。
なるべく細かく刺して角をとがらせるようにすると美しく仕上がります。
立体的なステッチは最後に刺しましょう。

◎DMC25番刺繡糸 ― 3768, 733, 319, 3790
※指定以外はチェーンS(2)
※糸の本数指定のないものはすべて2本どり
※Sはステッチの略、( )内の数字は本数、色番号はDMC25番刺繡糸

Owl and moon フクロウと月
Page.32

目を最初に。中心をフレンチナッツSで刺した後、
その回りを細かいチェーンSで1周。
その後は、目の回りのチェーンSから、
体全体、枝の順に刺し進めます。
毛並み、くちばしとツメは最後に刺しましょう。

◎DMC25番刺繡糸 ― 3865, 834, 310, 08, 07, 3371
※指定以外はチェーンS(2)
※糸の本数指定のないものはすべて2本どり
※Sはステッチの略、( )内の数字は本数、色番号はDMC25番刺繡糸

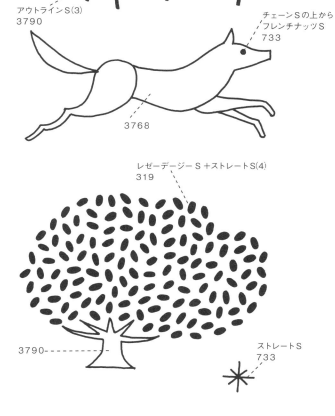
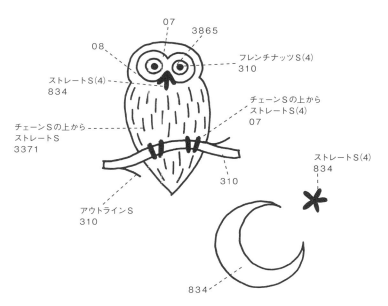

Elephant circus サーカスの象
Page.34

耳と背の絨毯飾りのアウトラインSを先に刺します。
その後、チェーンS部分を刺し進めて。
帽子、目、口を刺して完成です。

◎DMC25番刺繍糸 ― 22, 712, 646, 310
※象の目はフレンチナッツS(2) 310、口はストレートS(2) 712で、
いずれもチェーンSの上から刺す
※指定以外はチェーンS(2)
※Sはステッチの略、( )内の数字は本数、色番号はDMC25番刺繍糸

Deer emblem 鹿の紋章
Page.36

鹿は体のチェーンS部分から。背中の模様、ヒヅメは
チェーンSの上から刺しましょう。バラは中央のアウトラインSから
刺し始めます。カーブが多いので細かめに。

◎DMC25番刺繍糸 ― ecru, 829, 3031, 500, 407
※植物の太い線はアウトラインS(4)、細い線はアウトラインS(2)で刺す
※指定以外はチェーンS(2)
※糸の本数指定のないものはすべて2本どり
※Sはステッチの略、( )内の数字は本数、色番号はDMC25番刺繍糸

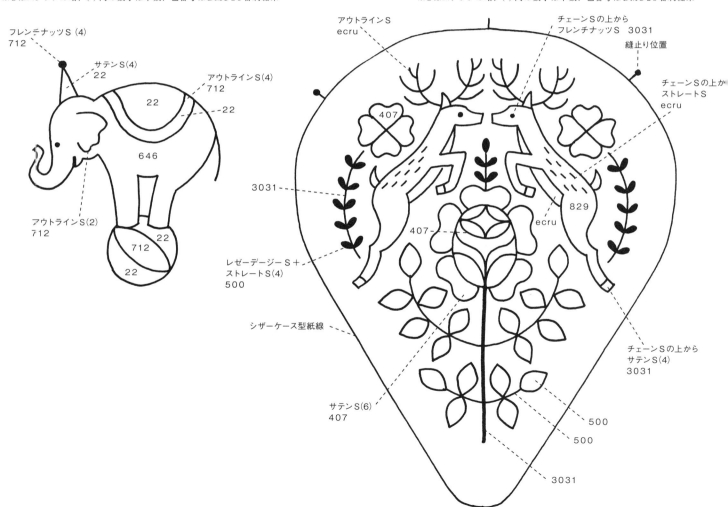

Teddy bear and panda テディベアとパンダ
Page.38

顔の中心部分のチェーンS、てのひらのサテンSを先に。
次に体全体をチェーンSで刺し埋めます。
すきまができた場合は、チェーンSかアウトラインSで埋めましょう。
パンダは目のチェーンSから刺し始めます。
耳は全体のチェーンSの後で。目や鼻、へそやツメは最後です。

◎DMC 25番刺繍糸 ― 3866, 613, 08, 310
※ベアとパンダの口もと、へそ、ベアの足のツメはストレートS(2) 310で、
いずれもチェーンSの上から刺す
※指定以外はチェーンS(2)
※糸の本数指定のないものはすべて2本どり
※Sはステッチの略、( )内の数字は本数、色番号はDMC 25番刺繍糸

Koala and eucalyptus leaves
コアラとユーカリの葉

Page.43

鼻のサテンSから始め、次に顔、体のチェーンSを。
耳は糸を2色使って刺します(p.55)。コアラの後で、
木はアウトラインSから刺し、チェーンSで刺し埋め、次に葉を刺します。
最後にコアラのツメも忘れずに。

◎DMC 25番刺繍糸 ― 3866, 01, 03, 08, 07, 844, 310, 501
※指定以外はチェーンS(2)
※糸の本数指定のないものはすべて2本どり
※Sはステッチの略、( )内の数字は本数、色番号はDMC 25番刺繍糸

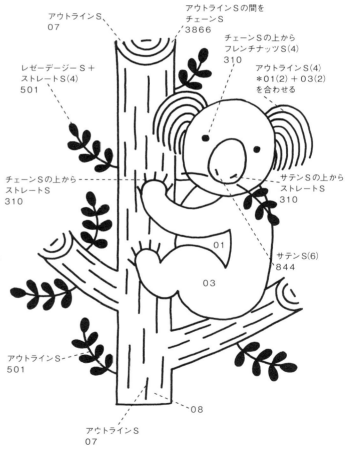

71

Pig's garden 子豚の庭
Page.40

◎DMC25番刺繍糸 ― 505，739，833，932，3787，28，29，407，3350，842
※植物の茎は指定以外アウトラインS(2) 505で刺す
※指定以外はチェーンS(2)
※糸の本数指定のないものはすべて4本どり
※Sはステッチの略、( )内の数字は本数、色番号はDMC25番刺繍糸

チェーンSの上から
アウトラインS(2)
3787

505

チェーンSの上から
フレンチナッツS(2)
3787

833

フレンチナッツS
3350

レゼーデージーS＋
ストレートS
505

28

28

フレンチナッツS
739

チェーンSの上から
ストレートS
739

505

フレンチナッツS
932

505

505

レゼーデージーS＋
ストレートS
505

739

フレンチナッツS
833

見開き図案のつなぎ位置

73

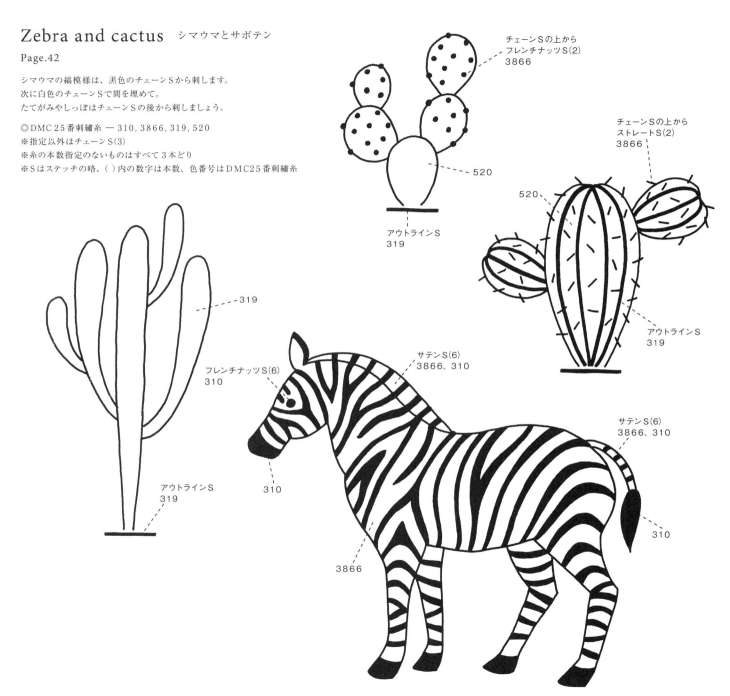

Lonely lion　孤独なライオン

Page.43

◎DMC25番刺繍糸 — 3866, 739, 422, 839, 844, 890, 310
※指定以外はチェーンS(2)
※糸の本数指定のないものはすべて6本どり
※Sはステッチの略、( )内の数字は本数、色番号はDMC25番刺繍糸

まずは目から。中心をフレンチナッツSで刺した後、
その回りをチェーンSで1周ぐるりと刺します。
次に鼻のサテンS部分、チェーンS部分へ。
たてがみ、胴体、しっぽの順に刺し埋めましょう。

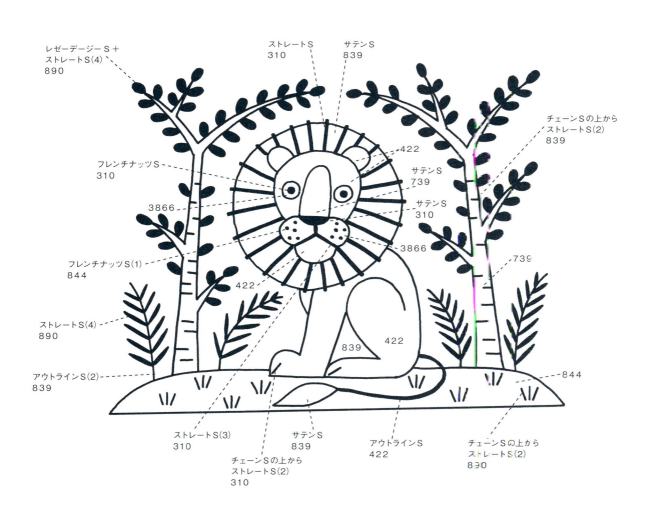

Squirrel and acorns　リスとどんぐり
Page.44

目から刺します。中心をフレンチナッツSで刺した後、
その回りをアウトラインSで細かく1周。
しっぽは糸を2色使い(p.55)、毛の流れを表現するように、
ランダムにストレートSを刺します。

◎DMC25番刺繍糸 ― 918, 3033, 310, 838, 3864, 3862, 3787, 640
※リスの目は中心をフレンチナッツS(4) 310、目の周囲をアウトラインS(2) 3033、
鼻をストレートS(4) 310で小さく刺す
※指定以外はチェーンS(2)
※糸の本数指定のないものはすべて2本どり
※Sはステッチの略、( )内の数字は本数、色番号はDMC25番刺繍糸

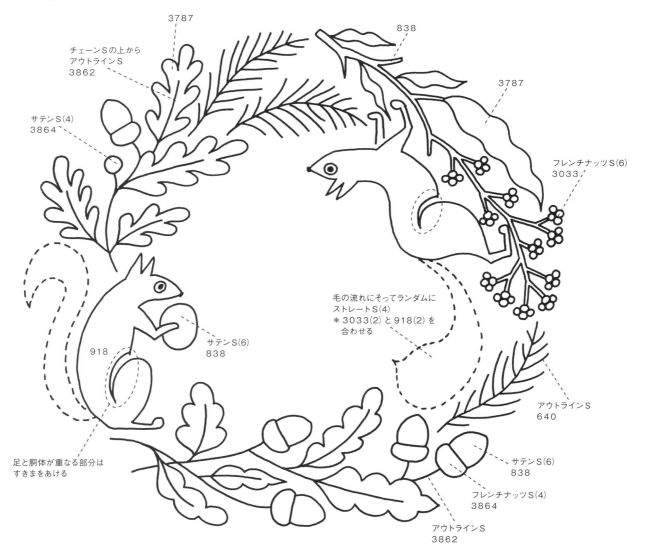

Fox and grapes 狐とブドウ

Page.45

まずはチェーンSから。
顔から刺し始め、胴体、足へと順に進めます。
体のパーツが重なる部分は1mmほどすきまをあけましょう。
つぶれやすいフレンチナッツSは最後に刺します。

◎DMC25番刺繍糸 — 3865, 921, 310, 840, 520, 29
※狐の目はフレンチナッツS(4)、鼻はサテンS(4)、いずれもチェーンSの上から310で刺す
※指定以外はチェーンS(2)
※糸の本数指定のないものはすべて2本どり
※Sはステッチの略、( )内の数字は本数、色番号にDMC25番刺繍糸

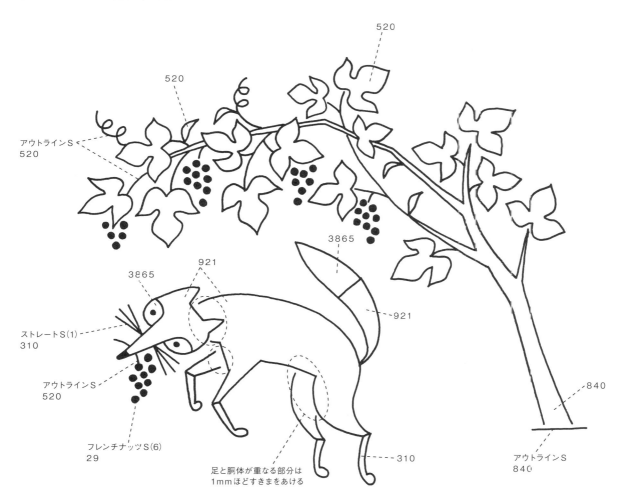

77

Cow's waltz　牛のワルツ

Page.46

顔のチェーンS部分から刺し始め、鼻やヒヅメのサテンSは、
チェーンSの上からかぶせるように刺します。目や耳は仕上げに。

◎DMC 25番刺繍糸 ― 310, 3866, 3864, 761
※指定以外はチェーンS(2)
※糸の本数指定のないものはすべて4本どり
※Sはステッチの略、( )内の数字は本数、色番号はDMC 25番刺繍糸

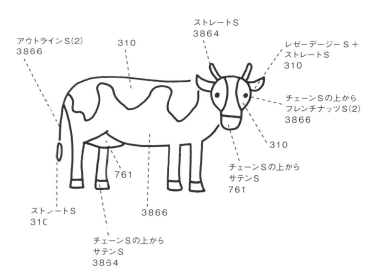

Group of ducks　鴨の群れ

Page.47

チェーンS部分から刺し埋めましょう。
次にくちばしのサテンS。目や鼻は仕上げに刺しましょう。

◎DMC 25番刺繍糸 ― 310, 3865, 648, 733, 08, 3768, 890
※指定以外はチェーンS(2)
※糸の本数指定のないものはすべて2本どり
※Sはステッチの略、( )内の数字は本数、色番号はDMC 25番刺繍糸

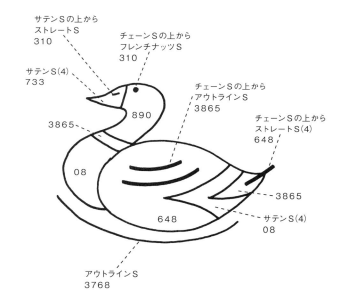

Carpet of camel　ラクダの絨毯

Page.48

やや難易度の高い図案です。まず絨毯のサテンS部分から始めます。
糸がよじれないように刺しましょう。
模様のストレートSはサテンSの上から、かぶせるように刺します。
絨毯の後、ラクダをチェーンSで埋めますが、
まぶたのサテンSは先がいいでしょう。
フレンチナッツSは最後に刺します。

◎DMC25番刺繍糸 — 310,3031,3045,3777,3866,3799
※ラクダの目と鼻と口はストレートS(2) 310でチェーンSの上から刺す
※絨毯の模様の「◯」はフレンチナッツS(4)、
短い線はストレートS(4)で刺す
※指定以外はチェーンS(2)
※Sはステッチの略、( )内の数字は本数、色番号はDMC25番刺繍糸

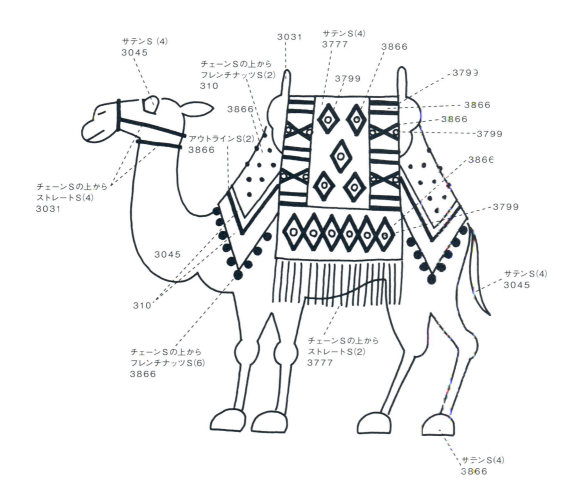

79

Bear of the forest
ななめがけバッグ

Page.6

仕上りサイズ
40×23cm(本体部分)

25番刺繍糸
DMC 310, 3033 — 各3束

材料
表布：リネン(モスグリーン)　45×30cm
　—2枚
裏布：リネン(白)　45×25cm —2枚
見返し布：リネン(モスグリーン)　45×15cm
肩ひも布：リネン(モスグリーン)　90×12cm
　＊肩ひもの強度を高める場合は、接着芯をはります
直径7mmスナップ
　(アンティークゴールド) —1組み
ミシン糸(モスグリーン)　適量

作り方

1
肩ひも布をアイロンで図のように四つ折りにし、両端にミシンステッチをかける。

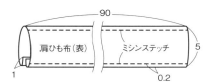

2
表布の表に刺繍の図案(p.92)を写し、刺繍をする。表布をアイロンで整えたら、裏に型紙線(p.92)を写し、周囲に縫い代1cmを足して裁つ。表布はもう1枚用意する。

3
見返し布、裏布をそれぞれ、下図の寸法で仕上り線を書き、周囲に縫い代1cmを足して2枚裁つ。

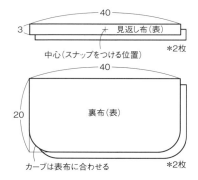

4
3の見返し布と裏布を中表に合わせて縫い、見返し布の表面にスナップを縫いつける。もう1枚も同様にする。

5
2の表布2枚を中表に合わせて、袋口を残して周囲を縫い合わせる。4の裏布2枚は返し口を残して同様に縫い合わせる。カーブの縫い代部分に切込みを入れる。

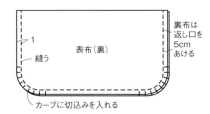

6
5の表袋と裏袋を中表に重ね、両端に1の肩ひもを表袋と裏袋の間にはさんで4cmほど出して、袋口をぐるりと縫う。

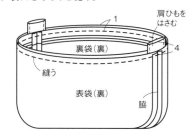

7
返し口から表に返し、アイロンで形を整えたら、返し口をコの字とじで縫いとじる。両脇のひものつけ根部分に上からミシンステッチをかける。

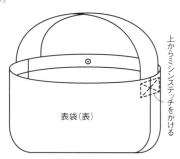

Bird's paradise
ポーチ

Page. 7

<u>仕上りサイズ</u>
13×19cm

<u>25番刺繍糸</u>
DMC 3768—6束

<u>材料</u>
表布：リネン（生成り）　45×25cm
裏布1：リネン（生成り）　15×25cm
裏布2：リネン（白）　30×25cm
幅3mmリネンリボン（生成り）　65cm
　＊リボンの端にお好みでタッセルなどをつけるとすてきです
ミシン糸（生成り）　適量

<u>作り方</u>

1
表布の表に図案（p.60-61）を写し、刺繍をする。表布をアイロンで整えたら、裏に下図の寸法で仕上り線を書き、4辺に縫い代1cmを足して裁つ。

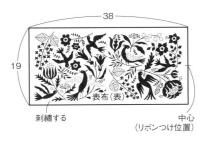

2
裏布は下図の寸法で仕上り線を書き、4辺に縫い代1cmを足して裁つ。

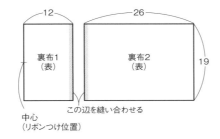

3
2の裏布を中表に合わせ、1辺を縫い合わせる。縫い代をアイロンで押さえて割る。

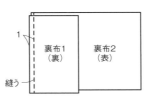

4
1の表布と3の裏布を中表に合わせて、リボンつけ位置にリボンをはさみ込み、返し口を残して4辺をぐるりと縫い合わせる。

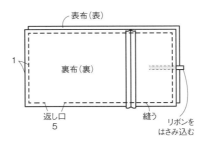

5
返し口から表に返し、アイロンで形を整えたら、返し口をコの字とじで縫いとじる。

6
リボンつけ位置とは反対側の辺を13cm内側に折り、両側をまつり縫いで縫い合わせる。
＊ミシンステッチをかけてもよいです

タッセルを作る

<u>材料</u>
25番刺繍糸 — 1束　　太めの糸 — 15cm

<u>作り方</u>

1
刺繍糸は30cmほど切って針に通す。太めの糸は輪にして固結びする。

2
刺繍糸の中央に1の太めの糸をはさみ、それを固定するように針に通した刺繍糸を巻きつける。巻きつけた糸を強く引いてから、中央に針を通す。

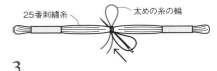

3
2の束を中央から二つ折りにし、わから1cmの位置で再度針のついた刺繍糸を巻きつけ、2の要領で固定する。仕上げに好みの長さで束をカットする。

Climbing monkey
ナップザック（巾着型リュック）

Page. 13

仕上りサイズ
33×43cm（本体部分）

25番刺繍糸
DMC 645, 648, 842, 310, 733, 505, 739, 611 — 各1束

材料
表布：リネン（薄グレー）　40×100cm
裏布：リネン（白）40×100cm
ループ布：リネン（薄グレー）8×8cm
　— 2枚
幅7mm麻レーヨンロープ（ベージュ）150cm
　— 2本
　＊ロープの長さは子ども用サイズです
ミシン糸（薄グレー）　適量

道具
ひも通し

作り方

1
ループ布をアイロンで押さえながら四つ折りにし、両端にミシンステッチをかけ、さらに二つ折りにする。同じ寸法のものを2本作る。

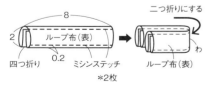

2
表布の表に図案（p.62）をバランスよく写し、刺繍をする。表布をアイロンで整えたら、裏に下図の寸法で仕上り線を書き、4辺に縫い代1cmを足して裁つ。裏布も同じ寸法に用意する。

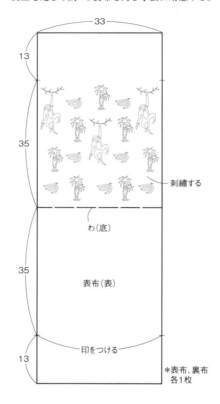

3
2の表布を中表に二つ折りにし、両脇の下部分に1のループをはさみ込み、両脇の印部分まで縫い合わせる。裏布も同様に縫い合わせる。

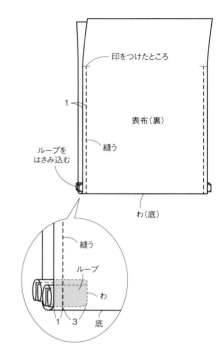

4
3の表袋の両脇の縫い代をアイロンで押さえながら割り、表に返す。裏袋も同様にする。

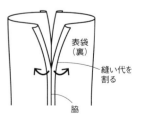

5

表袋に裏袋を入れて外表に合わせ、両脇をミシンステッチで縫い押さえる。

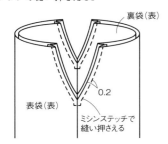

6

袋口の端を1cm内側に折ってアイロンで押さえ、さらに6cm折って端にミシンステッチを2本かけロープを通す部分を作る。もう一方も同様に縫う。

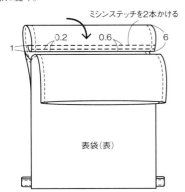

7

6のロープ通し部分に左右からそれぞれロープを通し、下のループにも通して端を結ぶ。

Dancing rabbits
ポットクッション
Page. 15

<u>仕上りサイズ</u>
19×19cm

<u>25番刺繍糸</u>
DMC 3031 — 2束
DMC ecru, 739, 3051, 3777, 823, 830, 310 — 各1束

<u>材料</u>
表布：リネン（ベージュ）45×25cm
ミシン糸（ベージュ）適量
手芸用わた　適量

<u>作り方</u>

1

表布の表に図案（p.63）を写し、刺繍をする。表布をアイロンで整えたら、裏に下記の寸法で仕上り線を書き、4辺に縫い代1cmを足して裁つ。

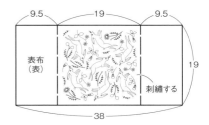

2

表布を中表に二つ折りにし、返し口を残して縫い合わせる。縫い代はアイロンで押さえて割る。

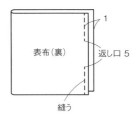

3

2を縫い目が中央にくるようにし、上下の端を縫い合わせる。

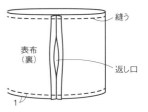

4

返し口から表に返し、アイロンで形を整えたら、返し口から手芸用わたを適量入れる。返し口をコの字とじで縫いとじる。

83

Wild reindeer
シンプルポシェット

Page. 17

仕上りサイズ
21×29cm(本体部分)

25番刺繍糸
DMC ecru, 926 — 各2束
DMC 08, 310 — 各1束

材料
表布：リネン(黒)　25×65cm
裏布：リネン(白)　25×65cm
肩ひも布：リネン(黒)　110×4cm
ミシン糸(黒)　適量

作り方

1
肩ひも布をアイロンで図のように四つ折りにし、両端にミシンステッチをかける。

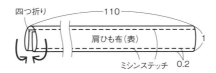

2
表布の表に図案(p.64)をバランスよく写し、刺繍をする。表布をアイロンで整えたら、裏に下記の寸法で仕上り線を書き、4辺に縫い代1cmを足して裁つ。裏布も同様に裁つ。

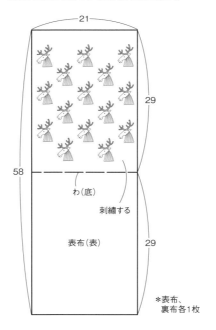

3
2の表布を中表に二つ折りにし、両脇を縫う。縫い代をアイロンで押さえて割る。裏布は返し口を残して同様に縫う。

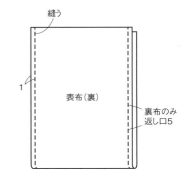

4
裏袋に表袋を入れて中表に重ね、両端に1の肩ひもを表袋と裏袋の間にはさんだら、袋口をぐるりと1周縫う。
＊肩ひもの部分は数回返し縫いすると、強度が増します

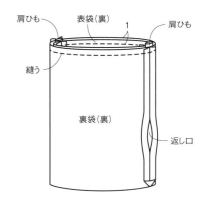

5
返し口から表に返し、アイロンで形を整えたら、返し口をコの字とじで縫いとじる。

Sheep of black face
ニードルケース

Page. 19

仕上りサイズ
10×8cm

25番刺繍糸
DMC 310, 712, 3790 ― 各1束

材料
表布：リネン（ベージュ）　25×15cm
裏布：リネン（ベージュ）　25×15cm
フェルト（茶）　17×6.5cm
片面接着キルト芯　20×8cm
直径1.5cm木製ボタン ― 1個
幅3mmひも（茶色）　6cm
ミシン糸（ベージュ）　適量

作り方
1
表布の表に図案（p.64）を写し、刺繍をする。表布をアイロンで整えたら、裏に下記の寸法で仕上り線を書き、4辺に縫い代1cmを足して裁つ。裏布も同様に裁つ。

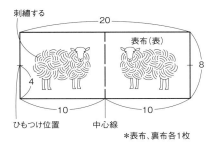

2
表布と裏布を中表に合わせ、ひもつけ位置に二つ折りにしたひもをはさみ、返し口を残してぐるりと1周縫い合わせる。片面接着キルト芯の接着面を刺繍位置の裏にのせ、当て布をしたらアイロンを上から押し当てるようにして接着する。
＊キルト芯をはる前に本体布のシワはのばしておきましょう

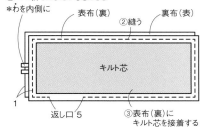

3
2をアイロンの熱が冷めるまでおき、キルト芯が完全に接着したら、返し口から表に返しアイロンで形を整え、返し口をコの字とじで縫いとじる。

4
裏面（刺繍していない側）にフェルトを中心線で合わせてのせ、中心線をミシンステッチする。

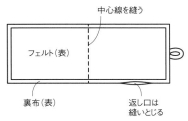

5
表布にボタンを縫いつける。

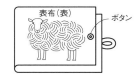

Giraffe of savanna
サシェ

Page. 21

仕上りサイズ
12×12cm

25番刺繍糸
DMC 712, 829, 938, 520, 522, 310
　― 各1束

材料
表布：リネン（白）　20×20cm ― 2枚
つり下げ用ひも：DMC5番刺繍糸（BLANC）
　30cm
手芸用わた　適量
お好みのハーブ　適量
　＊ガーゼなどに包んでおく
ミシン糸（白）　適量

作り方
1
表布の1枚の中央に図案（p.65）を写し、刺繍をしたら、アイロンで整える。もう1枚の表布と中表に合わせ、刺繍の周囲を1cmあけ、返し口を残してぐるりと縫う。

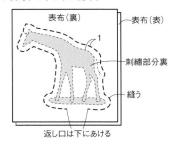

2
縫い際から縫い代を0.5cmほど残し、余分な布をカットしたら、縫い代のカーブ部分に切込みを入れ、返し口から表に返す。返し口から手芸用わたとお好みのハーブを入れ、返し口をコの字とじで縫いとじる。つり下げ用ひもを縫いつける。

Cheetah in jungle
ミニトートバッグ

Page. 23

仕上りサイズ
18×18cm(本体部分)

25番刺繍糸
DMC 3371, 833, 3046, 869, 890, 520,
3687, 543 — 各1束

材料
表布：リネン(薄ピンク)　25×40cm
裏布：リネン(白)　25×40cm
持ち手布：リネン(薄ピンク)　30×4cm
　—2枚
ミシン糸(薄ピンク)　適量

作り方
1
持ち手布をアイロンで押さえながら四つ折りにし、両端にミシンステッチをかける。同じものを2本作る。

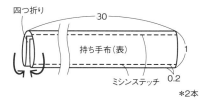

2
表布の表に図案(p.66)を写し、刺繍をする。表布をアイロンで整えたら、裏に下記の寸法で仕上り線を書き、4辺に縫い代1cmを足して裁つ。裏布も同様に裁つ。

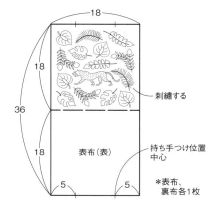

3
2の表布を中表に二つ折りにし、両脇を縫う。裏布は返し口を残して同様に縫う。
＊84ページ手順3と同じ要領です

4
裏袋に表袋を入れて中表に合わせ、1の持ち手を表袋と裏袋の間にはさんだら、袋口をぐるりと1周縫う。
＊持ち手の部分は数回返し縫いすると、強度が増します

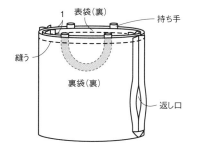

5
返し口から表に返し、アイロンで形を整えたら、返し口をコの字とじで縫いとじる。

Cat's face
メッセージカード

Page. 25

仕上りサイズ
8.5×8.5cm

25番刺繍糸
＊グレー色の猫
DMC 310, 733, 648, 645 — 各1束

材料
表布：リネン(薄グレー)　15×15cm
表紙：厚紙(薄グレー)　8.5×17cm
中紙：厚紙(薄グレー)　7.5×7.5cm
両面テープ(薄手のもの)　適量

作り方
表布の表に図案(p.67)を写し、刺繍をしたら、アイロンで整える。型紙(p.95)に合わせてカットした表紙を二つ折りにし、カッターで猫形に切り抜く。穴から刺繍がのぞくように重ね、余分な布を中紙よりやや小さく裁ったら、両面テープを使い、刺繍布を中紙と表紙ではさんではる。

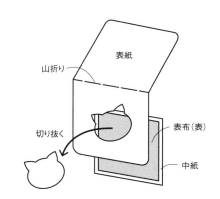

Dogs and bones
トートバッグ

Page. 27

仕上りサイズ
30×20×まち8cm(本体部分)

25番刺繍糸
DMC 3865—2束
DMC 3799, 801, 829, 07, 08 — 各1束

材料
表布：リネン(砂色)　35×55cm
裏布：リネン(白)　35×45cm
見返し布：リネン(砂色)　35×15cm
持ち手布：リネン(砂色)　35×10cm—2枚
ミシン糸(砂色)　適量

作り方

1
持ち手布をアイロンで図のように四つ折りにし、両端にミシンステッチをかける。2本作る。

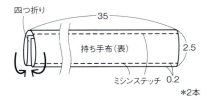

2
表布の表に図案(p.93)を写し、刺繍をする。表布をアイロンで整えたら、裏に型紙線(p.93)を写し、周囲に縫い代1cmを足して裁つ。

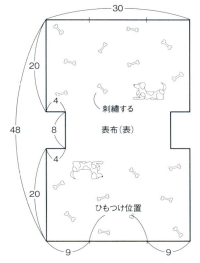

3
見返し布、裏布はそれぞれ下図の寸法で仕上り線を書き、周囲に縫い代1cmを足して裁つ。見返し布は2枚裁つ。

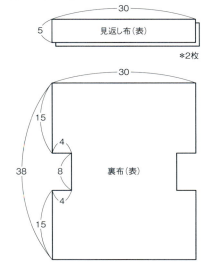

4
裏布の上下の袋口位置に見返し布を中表に合わせ、それぞれ縫い合わせる。表布は中表に二つ折りにし、両脇を縫い合わせる。裏布も見返し布を広げてから、返し口を残して同様に両脇を縫い合わせる。

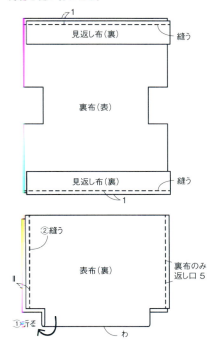

5
表袋の両脇の縫い代をアイロンで押さえて割り、脇と底の端を重ね合わせて縫う。裏袋も同様にする。

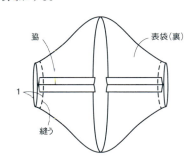

6

5の裏袋に表袋を入れて中表に合わせ、表袋と裏袋の間に1の持ち手をはさみ、袋口をぐるりと1周縫う。返し口から表に返し、アイロンで形を整えたら、返し口をコの字とじで縫いとじる。

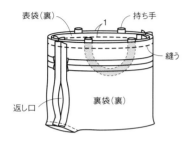

Horse chess
ブローチ
Page. 29

仕上りサイズ
3×5.5cm

25番刺繍糸
＊馬（茶色）
DMC 3031,829,310 — 各1束
＊馬（白）
DMC 02,03,310 — 各1束

材料　1つ分
表布：リネン（黒）　15×15cm — 2枚
ブローチピン（ゴールド）— 1個
手芸用わた　適量
ミシン糸（黒）　適量

作り方

1

表布の1枚の中央に図案（p.68）を写して刺繍をする。刺繍をしたらアイロンで整える。もう1枚の表布と中表に合わせ、刺繍の周囲を0.5cmあけ、返し口を残してぐるりと縫う。

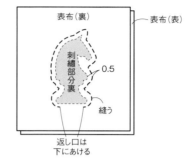

2

縫い線から縫い代を0.5cmほど残し、余分な布をカットしたら、縫い代のカーブ部分に切込みを入れ、返し口から表に返す。

3

返し口から手芸用わたを入れたら、返し口をコの字とじで縫いとじる。裏側にブローチピンをつける。

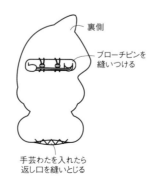

Night wolf
ラウンド型巾着ポシェット
Page. 31

仕上りサイズ
25×25cm（本体部分）

25番刺繍糸
DMC 319 — 2束
DMC 3768,733,3790 — 各1束

材料
表布：リネン（水色）　55×30cm
裏布：リネン（白）　55×30cm
ひも通し部分布：リネン（水色）　25×15cm
肩ひも布：リネン（水色）　110×4cm
幅3mm丸ひも（水色）　80cm — 2本
ミシン糸（水色）　適量

道具
ひも通し

作り方

1

肩ひも布をアイロンで図のように四つ折りにし、両端にミシンステッチをかける。

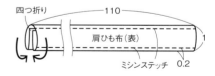

2

ひも通し部分布は、4辺に縫い代1cmを足して2枚裁つ。短辺の両端の縫い代を折り、ミシンステッチをかけ、さらに二つ折りにする。

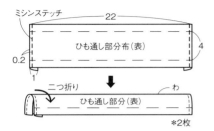

3

表布の表に図案(p.94)を写し、刺繍をする。表布をアイロンで整えたら、裏に型紙線(p.94)を写し、周囲に縫い代1cmを足して裁つ。表布はもう1枚用意する。裏布も同じ寸法で2枚裁つ。

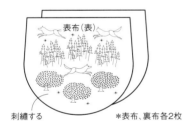

4

3の表布2枚を中表に合わせて、袋口を残して周囲を縫い合わせる。裏布も返し口を残して同様に縫い合わせる。カーブの縫い代部分に切込みを入れる。

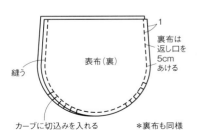

5

4の裏袋に表袋を入れて中表に合わせ、間に2のひも通し部分2枚をそれぞれ、わを下向きにしてはさみ込む。両脇に1の肩ひもをはさんだら、袋口をぐるりと1周縫う。
＊肩ひもの部分は数回返し縫いすると、強度が増します

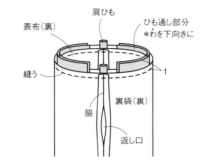

6

返し口から表に返し、アイロンで形を整えたら、返し口をコの字とじで縫いとじる。

7

ひも通し部分に左右からそれぞれ丸ひもを通し、端を結ぶ。

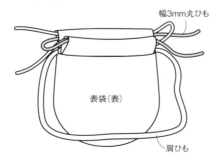

Owl and moon
お守り袋
Page.33

仕上がりサイズ
7×11cm

25番刺繍糸
DMC 3865, 834, 07, 08, 3371, 310
　 各1束

材料
表布：リネン(白)　15×15cm — 2枚
幅3mmリボン(ゴールドラメ)　15cm — 2本
ミシン糸(白)　適量

作り方

1

表布の表に図案(p.69、95)を写し、刺繍をする。表布をアイロンで整えたら、裏に型紙線(p.95)を写し、周囲に縫い代1cmを足して裁つ。もう1枚も同様に作る。

2

表布の袋口を裏側に二つ折りし、ミシンステッチで押さえる。もう1枚も同様に。

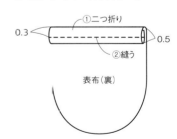

3

表布2枚を中表に合わせ、リボンつけ位置にリボンを2本重ねてはさみ、袋口を残して周囲を縫い合わせる。0.5cm残して余分な縫い代をカットし、縫い代のカーブ部分に切込みを入れ表に返す。

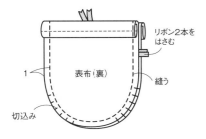

4

アイロンで形を整えたら、端から0.3cmほど内側をミシンステッチで押さえる。
＊手縫いでもよいです

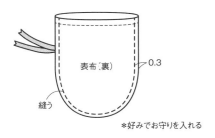

＊好みでお守りを入れる

Elephant circus
三角フラッグ
Page.35

仕上りサイズ
幅12×高さ12cm

25番刺繍糸
DMC 22, 712, 646, 310 — 各1束

材料　1つ分
表布：リネン（白）　15×30cm
1cm程度のベル（シルバー）— 1個
ひも：DMC5番刺繍糸（BLANC）40cm
　— 2本
手縫い糸（布地と同色）　適量
ミシン糸（白）　適量

作り方
1

表布の表に図案（p.95）を写し、刺繍をする。表布をアイロンで整えたら、裏に型紙線（p.95）を写し、4辺に縫い代1cmを足してカットする。

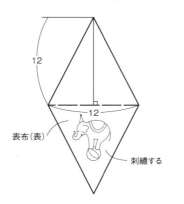

2

表布を中表に二つ折りにし、返し口を残して2辺を縫い合わせる。返し口から表に返し、アイロンで形を整えたら、返し口をコの字とじで縫いとじる。

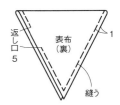

3

手縫い糸で、下の先端にベルを縫いつける。同じものを好みの枚数作り、手縫い糸で互いを縫い合わせ、両端にひもをとりつける。

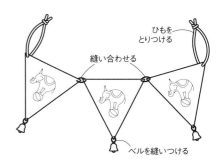

Deer emblem
シザーケース
Page. 37

仕上りサイズ
10×13cm

25番刺繍糸
DMC ecru, 829, 500, 3031, 407
— 各1束

材料
表布：リネン（濃いグレー）　15×25cm
裏布：リネン（濃いグレー）　15×25cm
片面接着キルト芯　15×25cm
保護布：フェルト（黒）　5×10cm
幅3mm両面別珍リボン（黒）　20cm — 2本
ミシン糸（濃いグレー）　適量
手芸用ボンド

作り方

1
表布の表に図案（p.70）を写し、刺繍をする。表布をアイロンで整えたら、裏に型紙線（p.70）を写し、周囲に縫い代1cmを足して裁つ。表布はもう1枚、裏布も2枚同様にカットする。

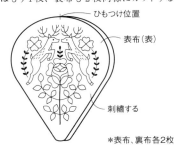

2
表布と裏布を中表に合わせ、中央にリボンを1本はさみ、返し口を残して外周をぐるりと縫い合わせる。縫い代のカーブ部分に切込みを入れる。もう1組みも同様に作る。型紙に合わせて切った接着キルト芯の接着面を表布の刺繍の裏部分に重ね、当て布をしたらアイロンを上から押し当てるようにして接着する。もう1組みも同様にキルト芯を接着する。
＊キルト芯をはる前に本体布のシワはのばしておきましょう

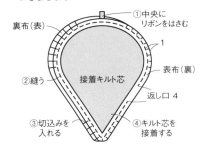

3
2をアイロンの熱が冷めるまでおき、キルト芯が完全についたら、返し口から表に返しアイロンで形を整え、返し口をコの字とじで縫いとじる。裏布側に小さく切ったフェルトを手芸用ボンドではる。
＊フェルトはハサミ保護のため。革にすると強度が増します

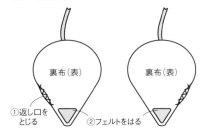

4
ボンドが乾いたら、裏布どうしを重ね合わせ印の位置からぐるりと袋状にまつり縫いをする。
＊ミシンステッチにしてもよいです

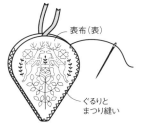

Teddy bear and panda
ブックマーク
Page 39

仕上りサイズ
7×8cm

25番刺繍糸
DMC 3866, 613, 08, 310 — 各1束

材料
表布：リネン（白）　15×15cm — 2枚
幅4mmサテンリボン（赤）　15cm
手縫い糸（白）　適量

作り方
表布の1枚の中央に図案（p.71）を写し、刺繍をする。刺繍をしたらアイロンで整える。もう1枚の表布と外表に合わせ、二つ折りにしたリボンをはさんだら、刺繍の周囲を0.5cmあけ、刺繍糸（白）でぐるりと並縫いする。刺繍から1cmほどあけてカットする。
＊形にお好みで仕上げてください

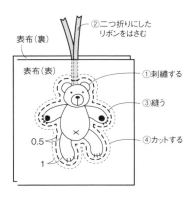

＊リボンも切ってしまわないよう注意しましょう。ピンキングはさみで仕上げてもすてきです

91

〈 型紙 〉

Bear of the forest
ななめがけバッグ

Page.80

◎ 220％に拡大
◎ 刺し方はp.58

表布2枚

Dogs and bones
トートバッグ
Page.87

◎160%に拡大
◎刺し方はp.68

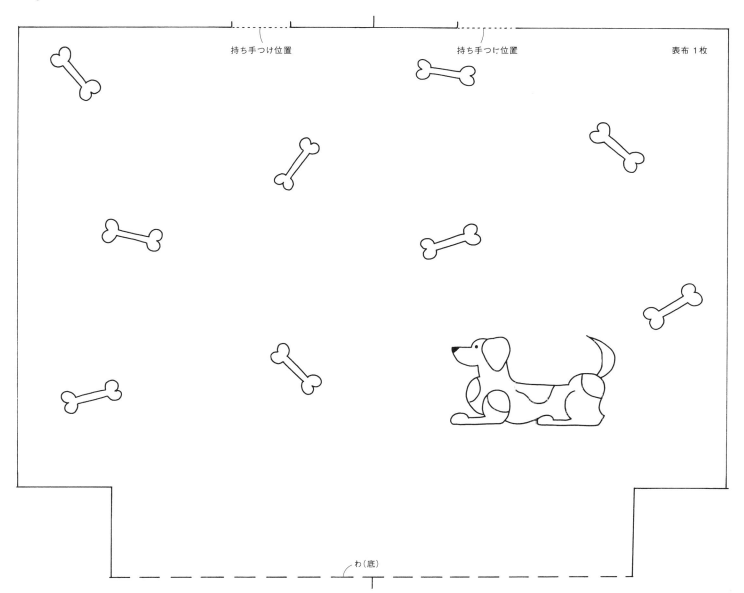

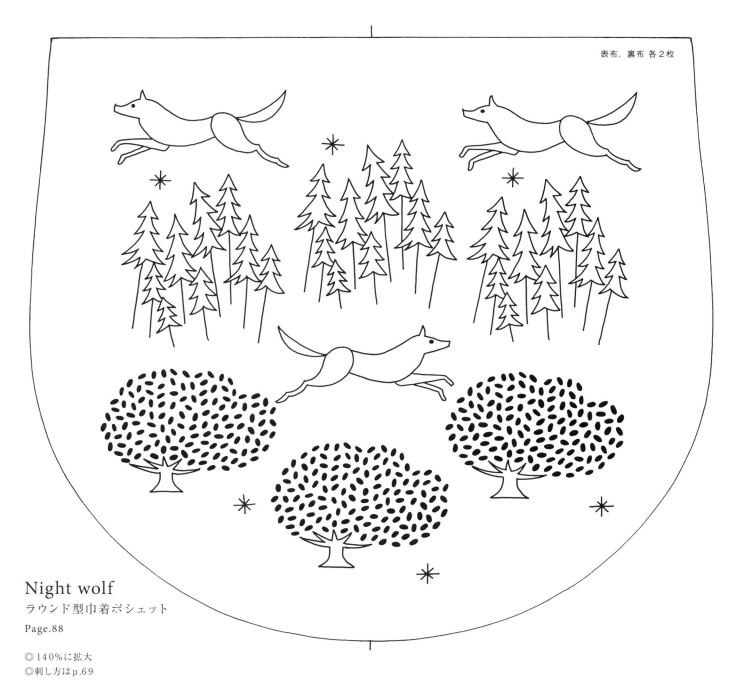

表布、裏布 各2枚

Night wolf
ラウンド型巾着ポシェット

Page.88

◎140%に拡大
◎刺し方はp.69

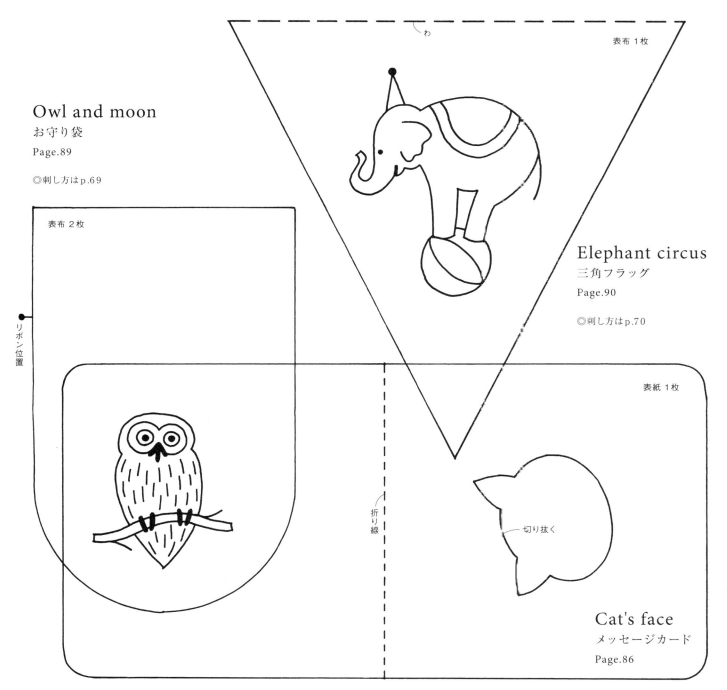

樋口愉美子（ひぐち・ゆみこ）

1975年生れ。多摩美術大学卒業後、ハンドメードバッグデザイナーとして活動。ショップでの作品販売や作品展を行なった後、2008年より刺繍作家としての活動を開始する。植物や昆虫など生物をモチーフにしたオリジナル刺繍を制作発表している。主な著書『1色刺繍と小さな雑貨』『2色で楽しむ刺繍生活』『樋口愉美子のステッチ12か月』『刺繍とがま口』『樋口愉美子の刺繍時間』『樋口愉美子 季節のステッチ』『樋口愉美子 つながる刺繍』『樋口愉美子 暮しの刺繍』(すべて文化出版局)。

https://yumikohiguchi.com/

材料協力　リネンバード
東京都世田谷区玉川 3-12-11
Tel. 03-5797-5517
https://www.linenbird.com/

DMC
Tel. 03-5296-7831
https://www.dmc.com

撮影協力　AWABEES
Tel. 03-5786-1600

UTUWA
Tel. 03-6447-0070

TITLES
Tel. 03-6434-0616

ブックデザイン　塚田佳奈（ME&MIRACO）
撮影　砂原 文（p.2-51）、村尾香織
スタイリング　前田かおり
ヘアメイク　オオイケユキ
モデル　アレック・ヘルムス（Sugar&Spice）
トレース&DTP　WADE手芸制作部
校閲　向井雅子
編集　土屋まり子（スリーシーズン）
　　　田中 薫（文化出版局）

樋口愉美子の動物刺繍

2019年 6月17日　第1刷発行
2024年 7月22日　第3刷発行

著　者　　樋口愉美子
発行者　　清木孝悦
発行所　　学校法人文化学園 文化出版局
　　　　　〒151-8524 東京都渋谷区代々木 3-22-1
　　　　　電話 03-3299-2485（編集）
　　　　　　　 03-3299-2540（営業）
印刷・製本所　株式会社文化カラー印刷

ⓒYumiko Higuchi 2019　Printed in Japan
本書の写真、カット及び内容の無断転載を禁じます。

○本書のコピー、スキャン、デジタル化等の無断複製は著作権法上での例外を除き、禁じられています。本書を代行業者等の第三者に依頼してスキャンやデジタル化することは、たとえ個人や家庭内での利用でも著作権法違反になります。
○本書で紹介した作品の全部または一部を商品化、複製頒布、及びコンクールなどの応募作品として出品することは禁じられています。
○撮影状況や印刷により、作品の色は実物と多少異なる場合があります。ご了承ください。

文化出版局のホームページ　https://books.bunka.ac.jp/